Impressum
Verlag: BABADADA GmbH, Nedderfeld 112 , 22529 Hamburg
Geschäftsführer / Verlagsleitung: Harald Hof
Druck: Books on Demand GmbH, In de Tarpen 42, 22848 Norderstedt

Imprint
Publisher: BABADADA GmbH, Nedderfeld 112 , 22529 Hamburg, Germany
Managing Director / Publishing direction: Harald Hof
Print: Books on Demand GmbH, In de Tarpen 42, 22848 Norderstedt, Germany

AF194780

škola

школа

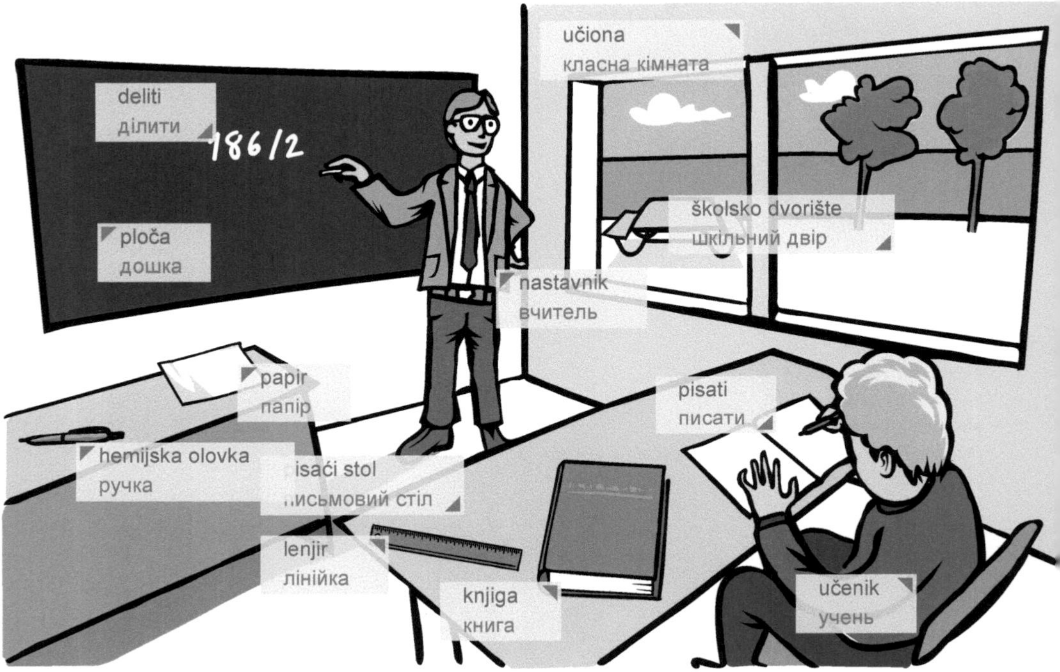

učiona
класна кімната
deliti
ділити
186/2
ploča
дошка
školsko dvorište
шкільний двір
nastavnik
вчитель
papir
папір
pisati
писати
hemijska olovka
ручка
isaći stol
исьмовий стіл
lenjir
лінійка
knjiga
книга
učenik
учень

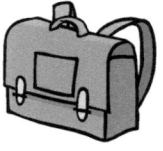

torba

ранець

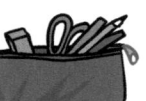

pernica

пенал

grafitna olovka

олівець

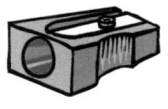

šiljilo za olovke

точило

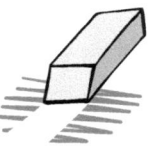

gumica za brisanje

гумка

blok za crtanje

альбом для малювання

crtež

малюнок

kist

пензель

kutija sa bojama

коробка фарб

makaze

ножиці

lepilo

клей

beležnica

зошит

domaći zadatak

домашнє завдання

broj

число

sabirati

додавати

oduzimati

віднімати

množiti

множити

računati

рахувати

slovo

літера

abeceda

абетка

reč

слово

tekst

текст

čitati

читати

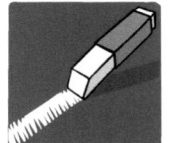

kreda

крейда

čas

година

dnevnik

класний журнал

ispit

екзамен

svedočanstvo

диплом

školska uniforma

шкільна форма

obrazovanje

освіта

leksikon

лексикон

univerzitet

університет

mikroskop

мікроскоп

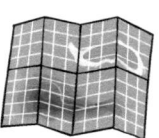

karta

карта

košara za papir

кошик для паперу

putovanje
подорож

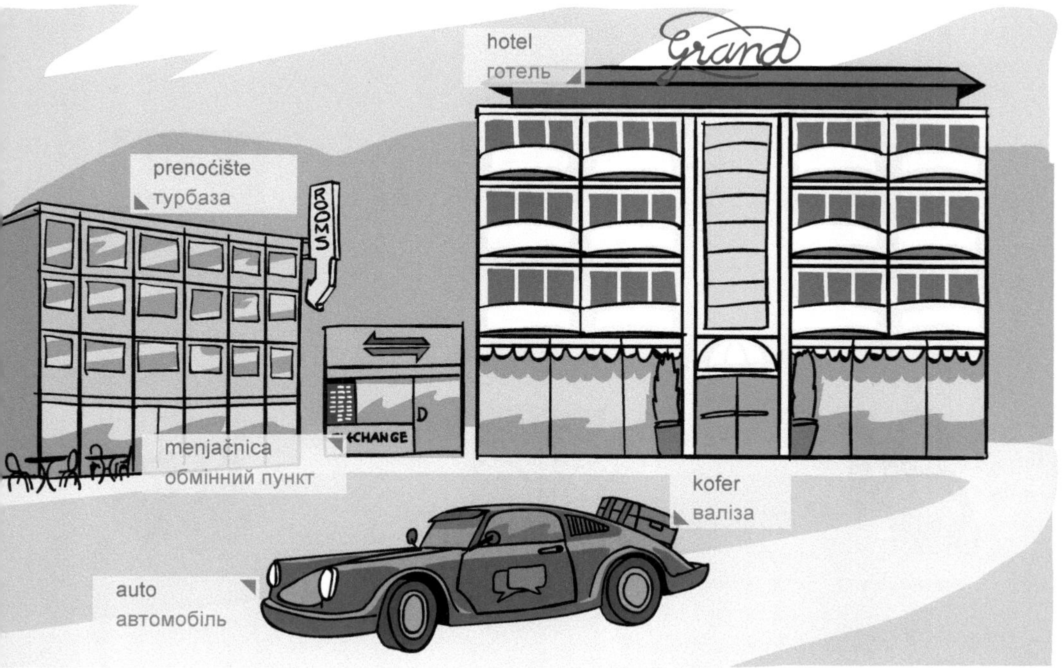

hotel
готель
Grand
prenoćište
турбаза
ROOMS
menjačnica
обмінний пункт
kofer
валіза
auto
автомобіль

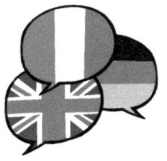

jezik

мова

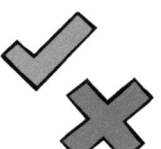

da / ne

так / ні

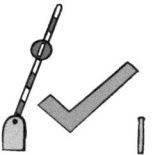

okej

добре

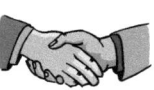

zdravo

привіт

prevodilac

перекладач

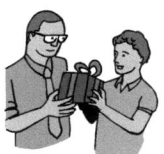

hvala

дякую

Koliko košta...?

Скільки коштує ...?

ne razumem

Я не розумію

problem

проблема

dobro veče!

Добрий вечір!

Dobro jutro!

Доброго ранку!

Laku noć!

На добраніч!

doviđenja

До побачення

smer

напрямок

prtljaga

багаж

torba

сумка

ruksak

рюкзак

gost

гість

soba

кімната

vreća za spavanje

спальний мішок

šator

намет

turističke informacije

туристична інформація

plaža

пляж

kreditna kartica

кредитна картка

doručak

сніданок

ručak

обід

večera

вечеря

karta za vožnju

квиток

lift

ліфт

poštanska markica

поштова марка

granica

межа

carina

митниця

ambasada

посольство

viza

віза

pasoš

паспорт

transport
транспорт

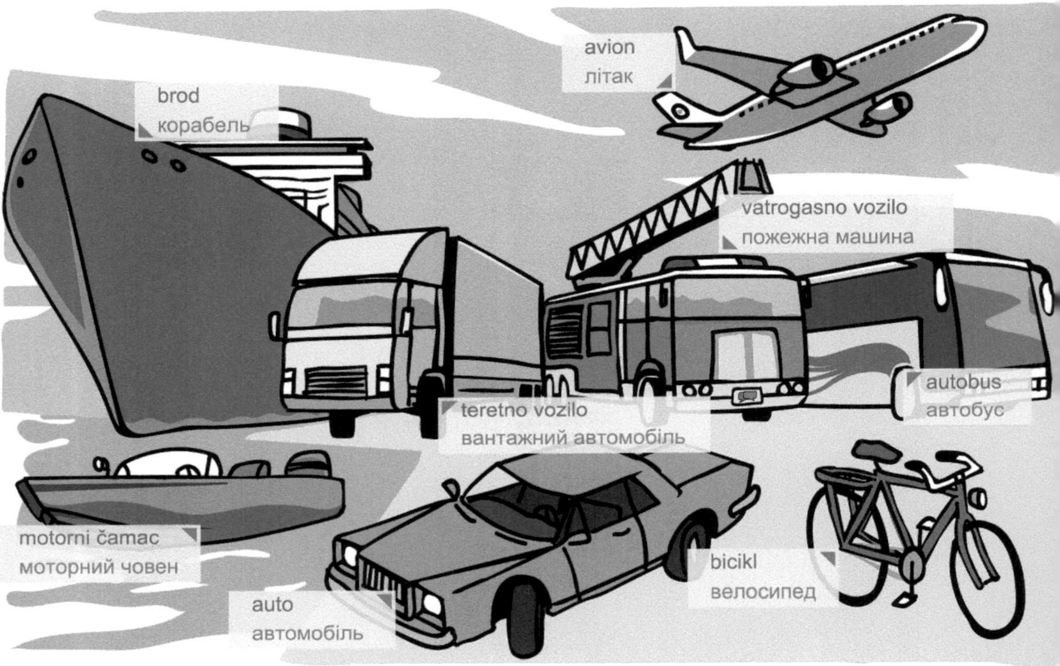
avion
літак
brod
корабель
vatrogasno vozilo
пожежна машина
autobus
автобус
teretno vozilo
вантажний автомобіль
motorni čamac
моторний човен
bicikl
велосипед
auto
автомобіль

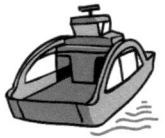

trajekt

пором

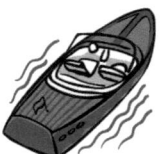

čamac

човен

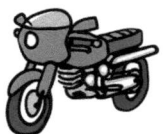

motocikl

мотоцикл

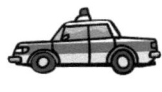

policijski auto

поліцейська машина

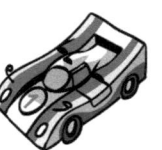

trkaći auto

гоночний автомобіль

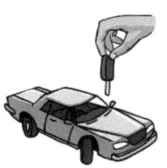

iznajmljeno auto

автомобіль на прокат

delenje automobila

спільне користування авто

vučno vozilo

евакуатор

vozilo za odvoz smeća

сміттєвоз

motor

двигун

benzin

паливо

benzinska stanica

автозаправна станція

saobraćajni znak

дорожній знак

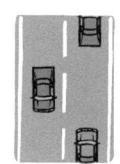

saobraćaj

рух

zastoj

затор

parkiralište

стоянка

železnička stanica

вокзал

šine

рейки

voz

потяг

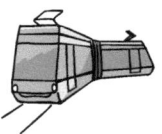

tramvaj

трамвай

vagon

вагон

helikopter

гелікоптер

aerodrom

аеропорт

kula

вежа

putnik

пасажир

kontejner

контейнер

karton

коробка

kolica

візок

korpa

кошик

uzleteti / sleteti

стартувати / приземлятися

grad

місто

selo

село

centar grada

центр міста

kuća

дім

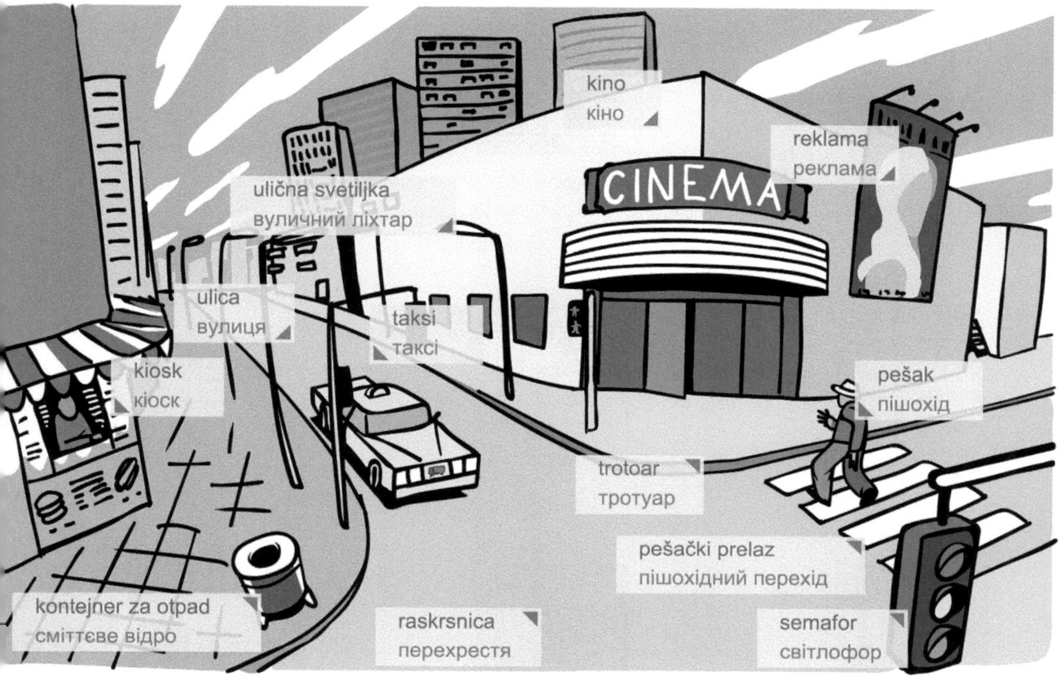

kino
кіно

reklama
реклама

ulična svetiljka
вуличний ліхтар

CINEMA

ulica
вулиця

taksi
таксі

kiosk
кіоск

pešak
пішохід

trotoar
тротуар

pešački prelaz
пішохідний перехід

kontejner za otpad
сміттєве відро

raskrsnica
перехрестя

semafor
світлофор

koliba

хатина

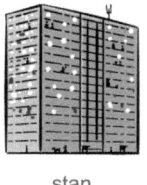

stan

квартира

železnička stanica

вокзал

većnica

ратуша

muzej

музей

škola

школа

univerzitet

університет

banka

банк

bolnica

лікарня

hotel

готель

apoteka

аптека

kancelarija

офіс

knjižara

книжковий магазин

prodavnica

магазин

cvećara

квітковий магазин

supermarket

супермаркет

trg

ринок

robna kuća

універмаг

ribarnica

торговець рибою

trgovački centar

торговельний центр

luka

гавань

park

парк

klupa

лава

most

міст

stepenice

сходи

podzemna železnica

метро

tunel

тунель

autobuska stanica

автобусна зупинка

bar

бар

restoran

ресторан

poštansko sanduče

поштова скринька

ulični znak

вулична табличка

parkirni automat

лічильник паркування

zoološki vrt

зоопарк

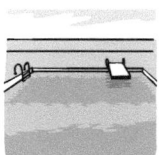

bazen

басейн

džamija

мечеть

seosko gazdinstvo

ферма

zagađenje okoline

забруднення навколишнього середовища

groblje

кладовище

crkva

церква

igralište

дитячий майданчик

hram

храм

pejsaž

ландшафт

list
листок

putokaz
вказівний стовп

put
шлях

livada
луг

kamen
камінь

drvo
дерево

šetač
мандрівник

reka
річка

trava
трава

cvijet
квітка

dolina

долина

planina

гора

jezero

озеро

šuma

ліс

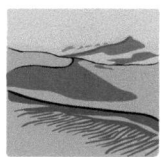

pustinja

пустеля

vulkan

вулкан

dvorac

замок

duga

веселка

gljiva

гриб

palma

пальма

moskito

комар

muva

муха

mrav

мурашка

pčela

бджола

pauk

павук

buba

жук

žaba

жаба

veverica

вивірка

jež

їжак

zec

заєць

sova

сова

ptica

птах

labud

лебідь

divlja svinja

кабан

jelen

олень

los

лось

nasip

гребля

vetrenjača

вітряк

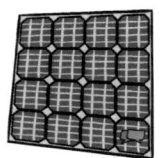

solarna ploča

сонячний модуль

klima

клімат

restoran

ресторан

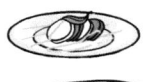

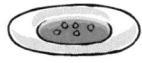

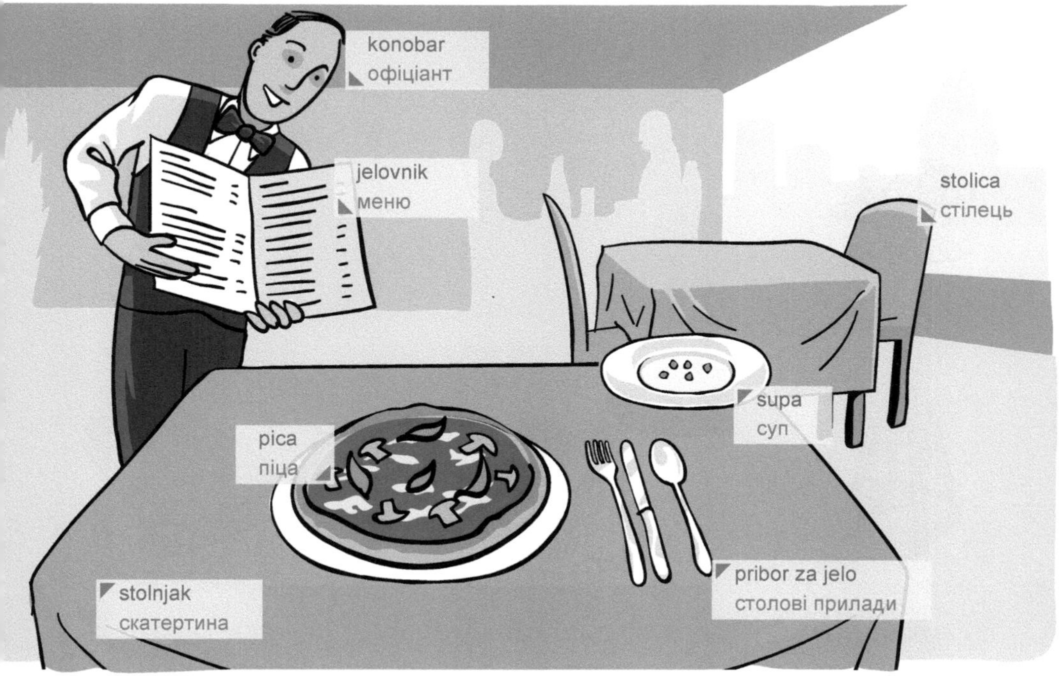

konobar
офіціант
jelovnik
меню
stolica
стілець
supa
суп
pica
піца
stolnjak
скатертина
pribor za jelo
столові прилади

predjelo

закуска

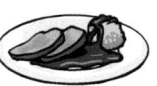

glavno jelo

друга страва

desert

десерт

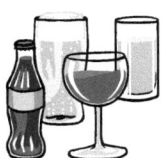

napitci

напої

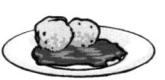

jelo

їжа

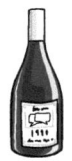

flaša

пляшка

brza hrana

фаст-фуд

imbis hrana

вулична їжа

čajnik

чайник

doza za šećer

цукорниця

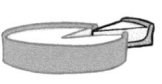

porcija

порція

aparat za espresso

еспресо-машина

visoka stolica

високий стільчик

račun

рахунок

poslužavnik

піднос

nož

ніж

viljuška

вилка

kašika

ложка

čajna kašika

чайна ложка

salveta

серветка

čaša

склянка

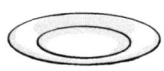

tanjir

тарілка

tanjir za supu

тарілка для супу

tanjirić

блюдце

sos

соус

soljenka

солонка

mlin za biber

млин для перцю

sirće

оцет

ulje

масло

začini

спеції

kečap

кетчуп

senf

гірчиця

majoneza

майонез

supermarket
супермаркет

ponuda
пропозиція
FOR
kupac
клієнт
mlečni proizvodi
молочні продукти
voće
фрукти
kolica za kupovinu
візок для покупок

BUTCHERS

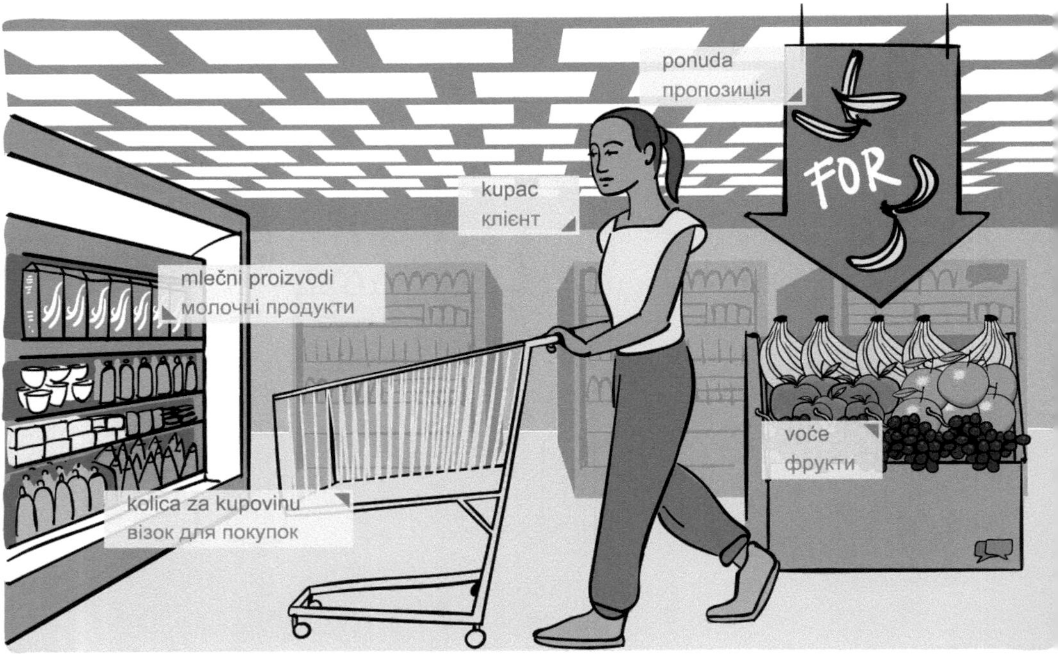

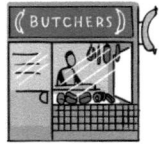

mesnica

м'ясний магазин

BAKERY

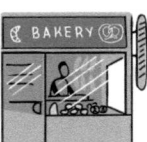

pekara

пекарня

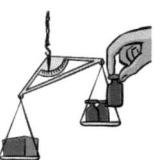

vagati

зважувати

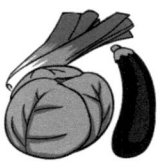

povrće

овочі

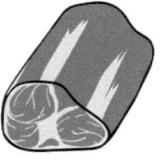

meso

м'ясо

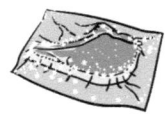

smrznuta hrana

заморожені продукти

narezak

ковбасна нарізка

konzerve

консерви

sredstvo za pranje

пральний порошок

slatkiši

солодощі

artikli za domaćinstvo

предмети домашнього побуту

sredstva za čišćenje

мийний засіб

prodavačica

продавщиця

blagajna

каса

blagajnik

касир

lista za kupovinu

список покупок

vreme rada

часи роботи

novčanik

гаманець

kreditna kartica

кредитна картка

torba

сумка

plastična kesa

поліетиленовий пакет

voda

вода

sok

сік

mleko

молоко

kola

кола

vino

вино

pivo

пиво

alkohol

алкоголь

kakao

какао

čaj

чай

kava

кава

espresso

еспресо

cappuccino

капучіно

banana

банан

jabuka

яблуко

narandža

апельсин

lubenica

кавун

limun

лимон

šargarepa

морква

beli luk

часник

bambus

бамбук

luk

цибуля

gljiva

гриб

orašasti plodovi

горішки

rezanci

локшина

špagete

спагеті

riža

рис

salata

салат

pomfrit

картопля фрі

pečeni krumpir

смажена картопля

pica

піца

hamburger

гамбургер

sendvič

бутерброд

šnicla

шніцель

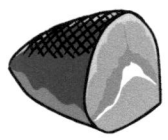

šunka

шинка

salama

салямі

kobasica

ковбаса

kokoš

курка

pečenje

печеня

riba

риба

zobene pahuljice

вівсяні пластівці

musli

мюслі

kukuruzne pahuljice

кукурудзяні пластівці

brašno

борошно

kroasan

круасан

pecivo

булочка

hleb

хліб

toast

тостовий хліб

keksi

печиво

maslac

масло

sveži sir

сир

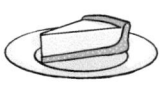

kolač

пиріг

jaje

яйце

jaje na oko

яєчня

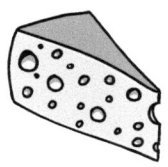

sir

сир

sladoled

морозиво

šećer

цукор

med

мед

marmelada

мармелад

nugat krema

нуга-крем

kari

карі

seosko gazdinstvo

ферма

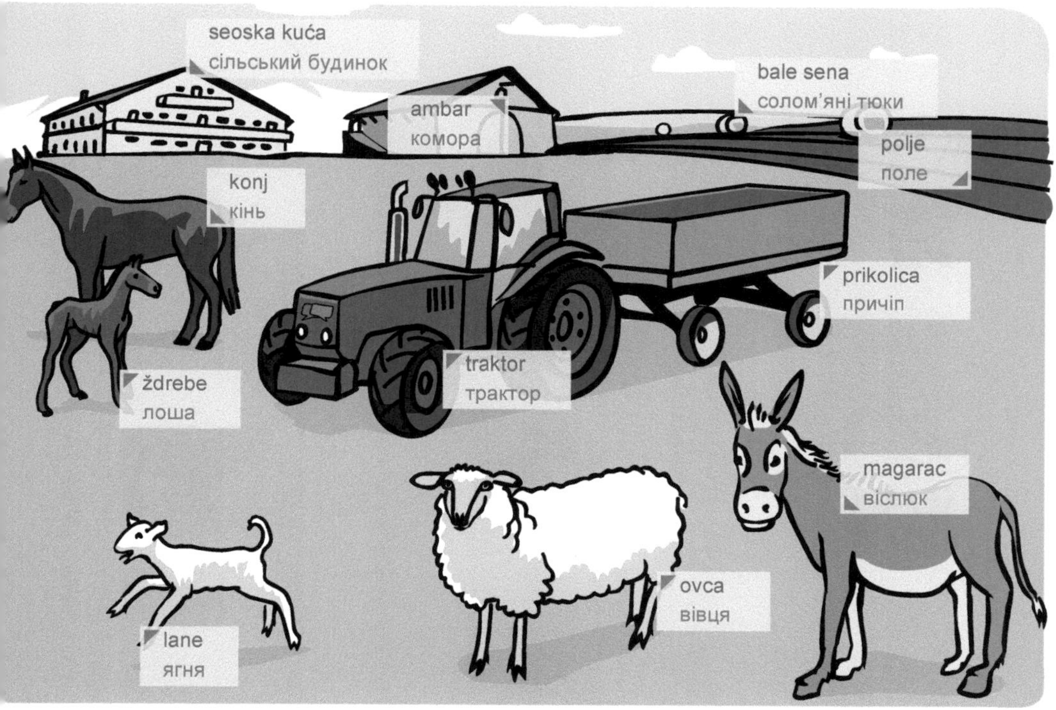
seoska kuća
сільський будинок
ambar
комора
bale sena
солом'яні тюки
polje
поле
konj
кінь
traktor
трактор
prikolica
причіп
ždrebe
лоша
magarac
віслюк
ovca
вівця
lane
ягня

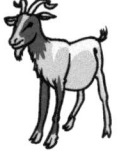

koza
коза

krava
корова

tele
теля

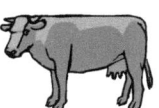

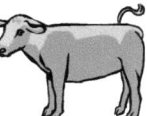

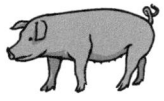

svinja
свиня

prase
порося

bik
бик

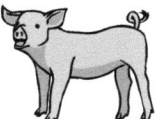

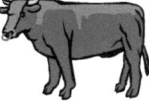

guska
гусак

patka
качка

pilići
курча

kokoš
курка

petao
півень

pacov
щур

mačka
кіт

miš
миша

vol
віл

pas
собака

kućica za psa
собача будка

vrtno crevo
садовий шланг

kanta za polivanje
лійка

kosa
коса

plug
плуг

srp
серп

motika
мотика

viljuška za đubrivo
вила

sekira
сокира

tačke
тачка

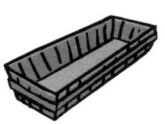

korito
корито

posuda za mleko
бідон молока

vreća
мішок

ograda
паркан

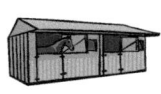

štala
хлів

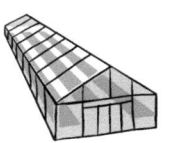

staklenik
теплиця

zemlja
ґрунт

seme
насіння

đubrivo
добриво

kombajn
комбайн

žeti

пожинати

žetva

урожай

jams začin

корінь ямсу

pšenica

пшениця

soja

соя

krumpir

картопля

kukuruz

кукурудза

uljana repica

ріпак

voćka

плодове дерево

gomolj manioke

маніок

žitarice

злаки

kuća

дім

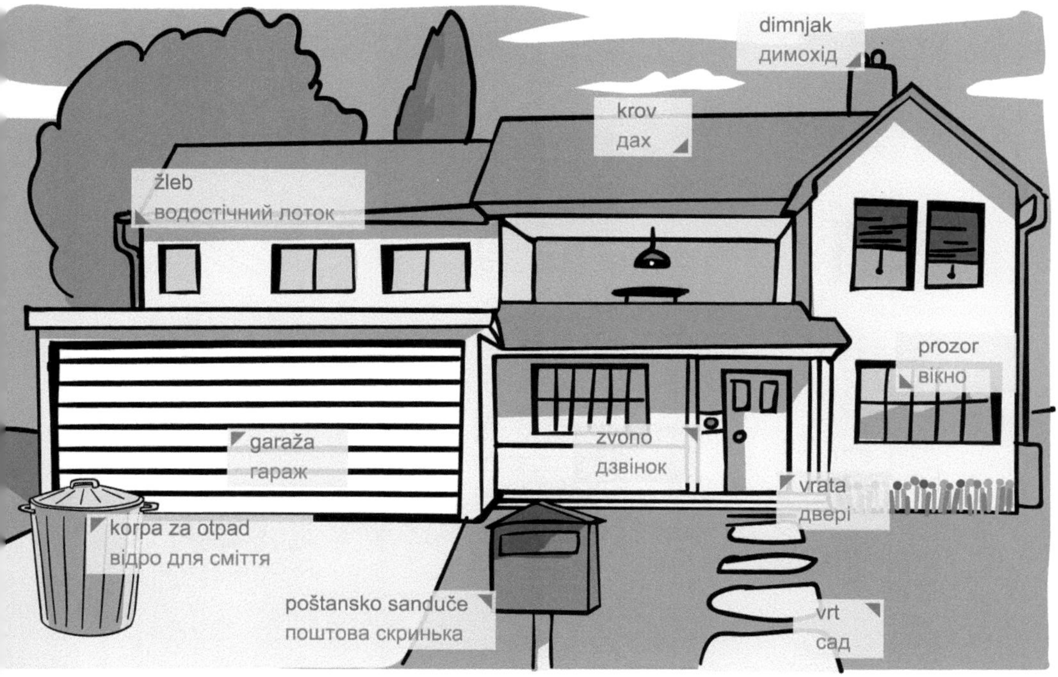
dimnjak
димохід
krov
дах
žleb
водостічний лоток
prozor
вікно
garaža
гараж
zvono
дзвінок
vrata
двері
korpa za otpad
відро для сміття
poštansko sanduče
поштова скринька
vrt
сад

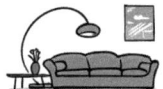

dnevna soba

вітальня

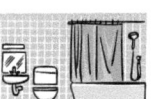

kupaonica

ванна кімната

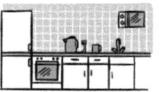

kuhinja

кухня

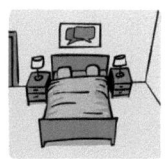

spavaća soba

спальня

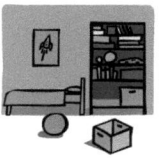

dečija soba

дитяча кімната

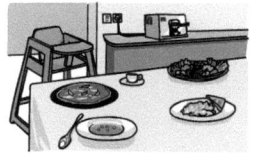

trpezarija

їдальня

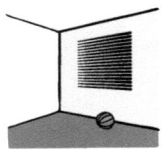

pod

підлога

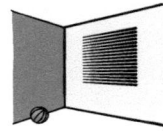

zid

стіна

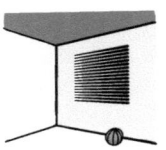

strop

стеля

podrum

підвал

sauna

сауна

balkon

балкон

terasa

тераса

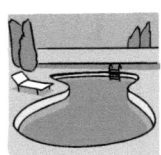

bazen

басейн

kosilica za travu

косарка

posteljina za krevet

простирало

deka za krevet

ковдра

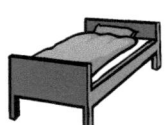

krevet

ліжко

metla

мітла

kanta

відро

prekidač

перемикач

dnevna soba
вітальня

tapeta
шпалери
slika
малюнок
svetiljka
лампа
regal
поличка
ormar
шафа
televizija
телевізор
kamin
камін
cvijet
квітка
jastuk
подушка
kauč
диван
vaza
ваза
daljinski upravljač
пульт

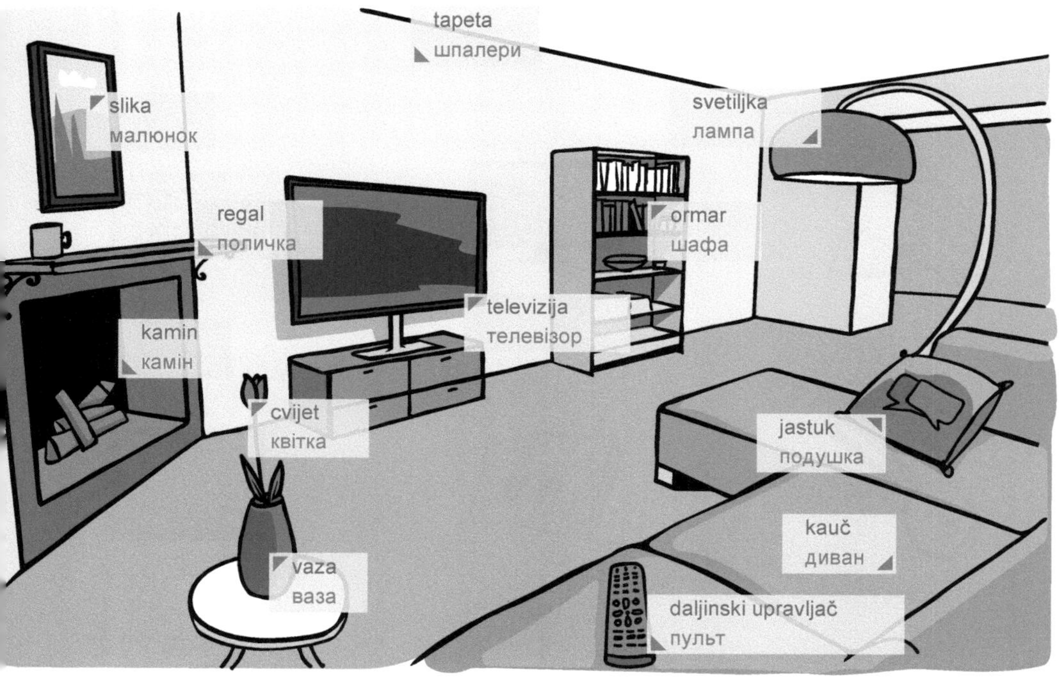

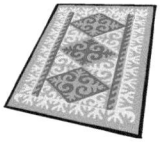

tepih
килим

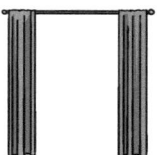

zavesa
завіса

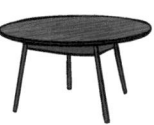

sto
стіл

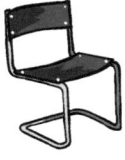

stolica
стілець

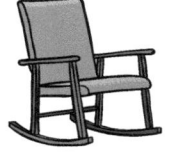

stolica za njihanje
крісло-гойдалка

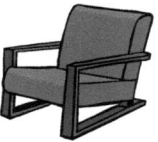

fotelja
крісло

knjiga

книга

deka

ковдра

dekoracija

прикраса

drvo za ogrev

дрова

film

фільм

hi-fi uređaj

стереосистема

ključ

ключ

novine

газета

slika na platnu

картина

poster

плакат

radio

радіо

blok za pisanje

блокнот

usisivač

пилосос

kaktus

кактус

sveća

свічка

kuhinja
кухня

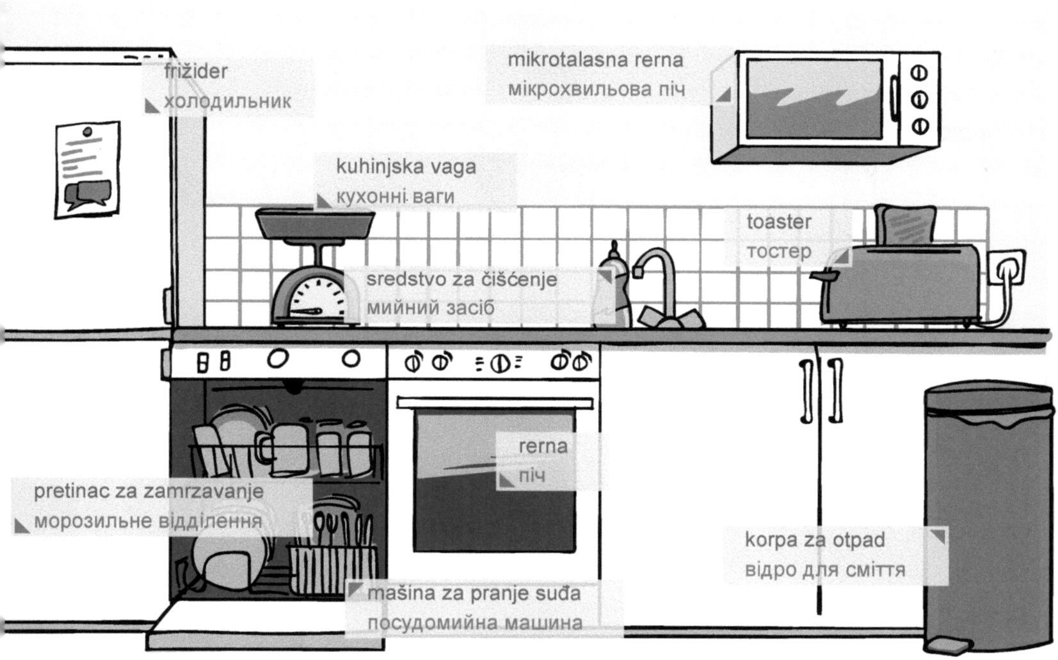

frižider
холодильник
mikrotalasna rerna
мікрохвильова піч
kuhinjska vaga
кухонні ваги
toaster
тостер
sredstvo za čišćenje
мийний засіб
rerna
піч
pretinac za zamrzavanje
морозильне відділення
korpa za otpad
відро для сміття
mašina za pranje suđa
посудомийна машина

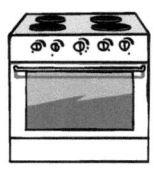

šporet

плита

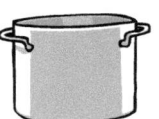

lonac

горщик

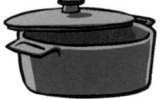

gvozdeni lonac

чавунний горщик

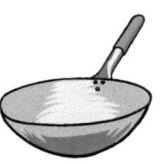

wok / kadai

вок / кадай

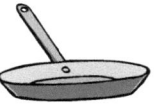

tava

сковорода

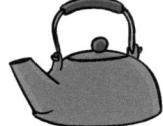

kuvalo za vodu

чайник

kuvalo na paru

пароварка

lim za pečenje

лист

posuđe

посуд

čaša

кухоль

posuda

чаша

štapići za jelo

палички для їжі

kutlača

черпак

lopatica

лопатка

penjača

вінчик для збивання

sito za kuvanje

сито

sito

сито

ribež

терка

mužar

ступка

roštilj

барбекю

ognjište

багаття

daska

дошка

oklagija

качалка

vadičep

штопор

konzerva

конзерва

otvarač konzervi

відкривачка

krpa za lonac

прихватки

sudoper

раковина

četka

щітка

sunđer

губка

mikser

міксер

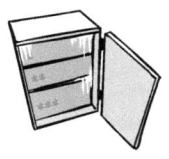

zamrzivač

морозильна камера

flašica za bebe

дитяча пляшка

slavina za vodu

кран

kupaonica
ванна кімната

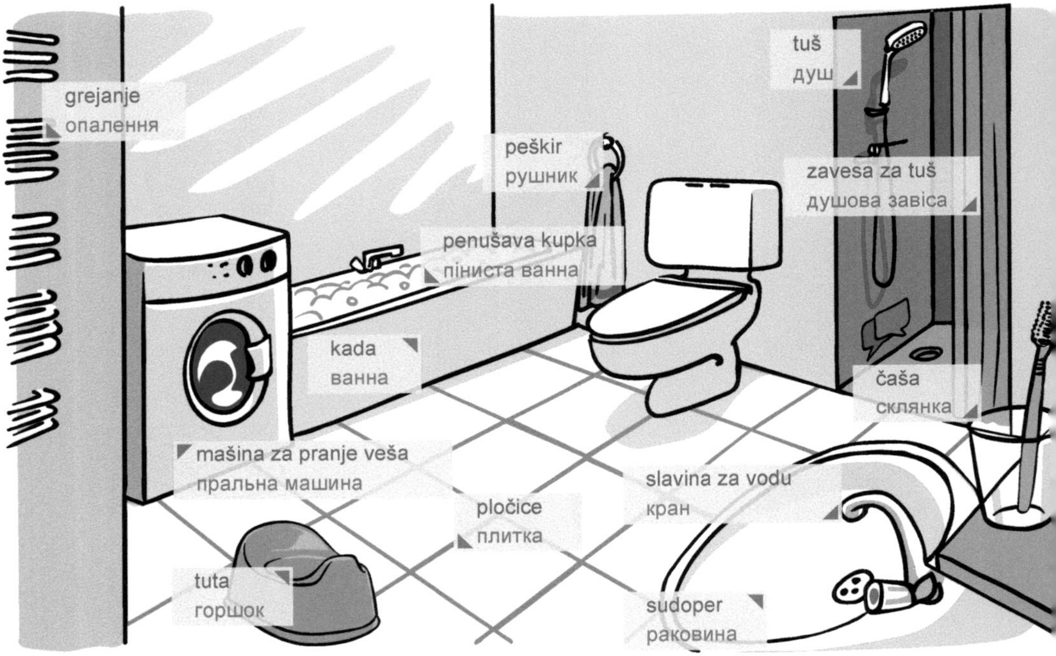

tuš
душ
grejanje
опалення
peškir
рушник
zavesa za tuš
душова завіса
penušava kupka
пiниста ванна
kada
ванна
čaša
склянка
mašina za pranje veša
пральна машина
slavina za vodu
кран
pločice
плитка
tuta
горшок
sudoper
раковина

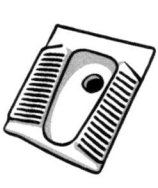

toalet

туалет

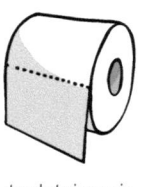

čučavac

підлоговий туалет

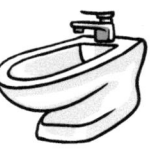

bidet

біде

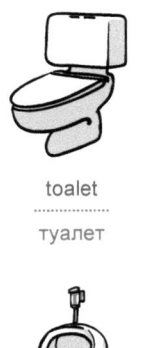

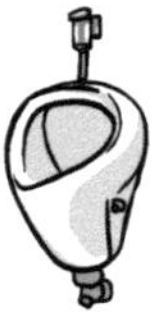

pisoar

пісуар

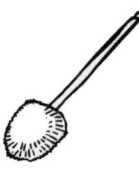

toaletni papir

туалетний папір

četka za toalet

щітка для туалету

četkica za zube

зубна щітка

pasta za zube

зубна паста

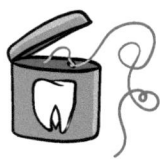

konac za zube

нитка для чищення зубів

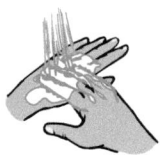

prati

мити

tuš ručica

ручний душ

tuš za pranje intimnih delova

інтимний душ

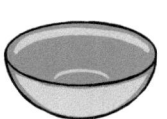

lavor

таз

četka za pranje leđa

щітка для спини

sapun

мило

gel za tuširanje

гель для душу

šampon

шампунь

krpa za pranje

мочалка

odvod

водостік

krema

крем

dezodorans

дезодорант

ogledalo

дзеркало

kozmetičko ogledalo

косметичне дзеркало

brijač

бритва

pena za brijanje

піна для гоління

losion za posle brijanja

лосьйон після гоління

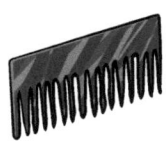

češalj

гребінь

četka

щітка

fen za kosu

фен

sprej za kosu

лак для волосся

makeup

косметика

ruž za usne

губна помада

lak za nokte

лак для нігтів

vata

вата

makaze za nokte

ножиці для нігтів

parfem

парфум

kozmetička torbica

косметичка

stolica

табурет

vaga

ваги

ogrtač

халат

rukavice za čišćenje

гумові рукавички

tampon

тампон

uložak

гігієнічні прокладки

hemijski toalet

біотуалет

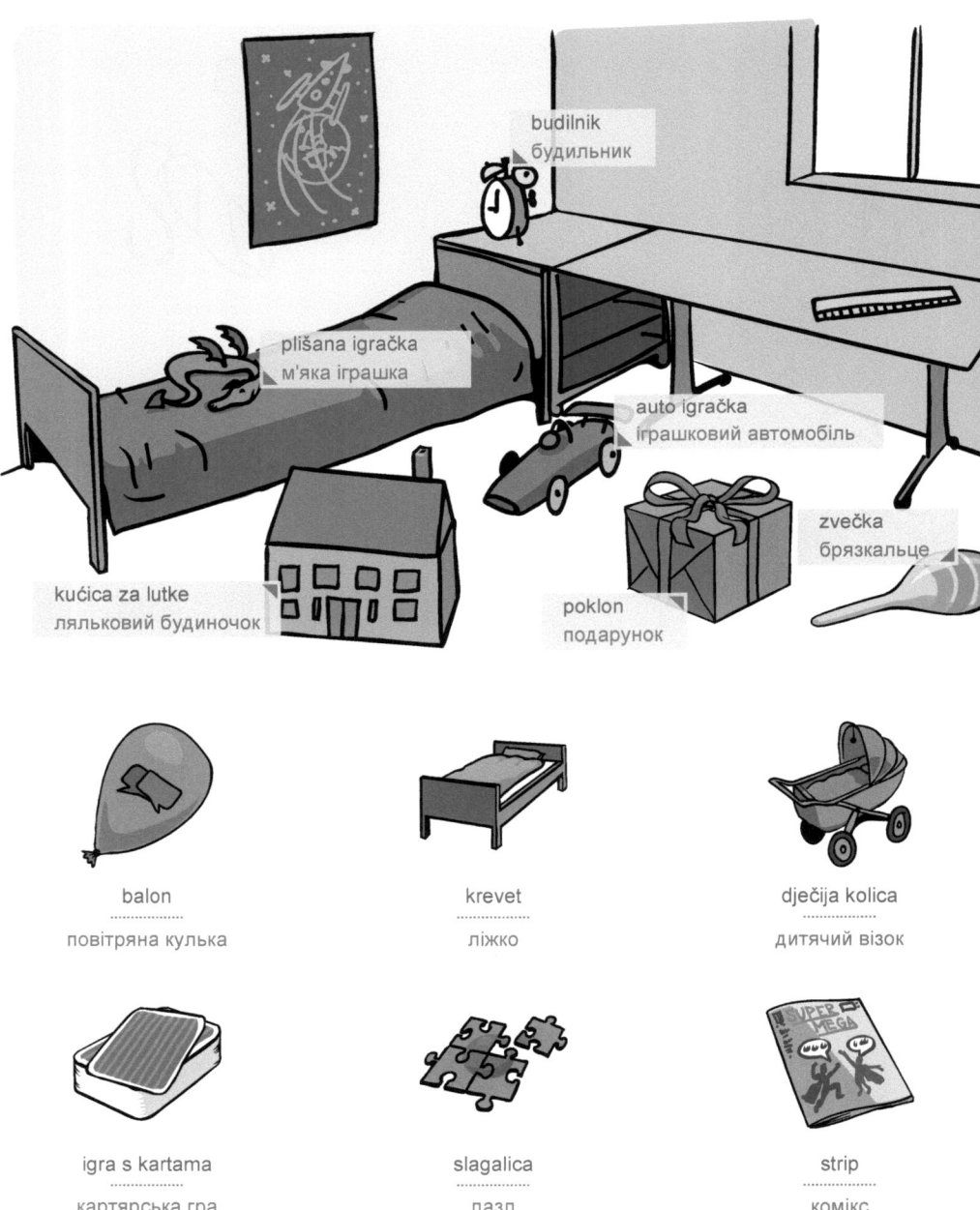

budilnik
будильник

plišana igračka
м'яка іграшка

auto igračka
іграшковий автомобіль

zvečka
брязкальце

kućica za lutke
ляльковий будиночок

poklon
подарунок

balon
повітряна кулька

krevet
ліжко

dječija kolica
дитячий візок

igra s kartama
картярська гра

slagalica
пазл

strip
комікс

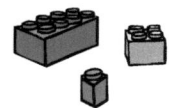

lego kockice

лего цеглинки

kockice za slaganje

блоки

akcioni junak

іграшкова фігурка

benkica za bebe

повзунки

frizbi

фризбі

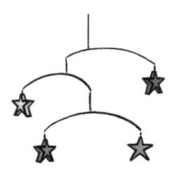

viseće igračke

мобіле

društvene igre

настільна гра

kocka

кубик

minijaturna željeznica

модель залізнична станція

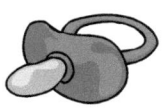

duda

соска

zabava

вечірка

slikovnica

книжка з картинками

lopta

м'яч

lutka

лялька

igrati

грати

pješčanik

пісочниця

ljuljačka

гойдалка

igračka

іграшка

konzola za igre

гральна консоль

tricikl

триколісний велосипед

tedi

плюшевий мішка

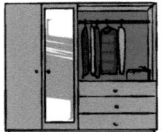

ormar

шафа

odeća

одяг

kratke čarape

шкарпетки

čarape

панчохи

hulahopke

колготки

šal
шарф

kaiš
ремінь

kišobran
парасоля

majica
футболка

čizme
чоботи

papuče
домашнє взуття

patike
кросівки

sandale
сандалі

cipele
взуття

gumene čizme
гумові чоботи

gaćice
труси

grudnjak
бюстгальтер

potkošulja
нижня сорочка

bodi
боді

pantalone
штани

farmerke
джинси

suknja
спідниця

bluza
блузка

košulja
сорочка

džemper
пуловер

džemper s kapuljačom
светр

sako
піджак

jakna
куртка

kaput
пальто

kabanica
дощовик

kostim
костюм

haljina
сукня

venčanica
весільна сукня

odelo

костюм

spavaćica

нічна сорочка

pidžama

піжама

sari

сарі

marama za glavu

головна хустка

turban

чалма

burka

бурка

kaftan

кафтан

abaja

абая

kupaći kostim

купальник

kupaće gaćice

плавки

kratke pantalone

шорти

odeća za trening

тренувальний костюм

kecelja

фартух

rukavice

рукавички

dugme

гудзик

naočare

окуляри

narukvica

браслет

ogrlica

ланцюг

prsten

кільце

naušnica

сережка

kapa

шапка

vešalica

плічка

šešir

капелюх

kravata

краватка

patent zatvarač

застібка-блискавка

kaciga

шолом

naramenice

підтяжки

školska uniforma

шкільна форма

uniforma

уніформа

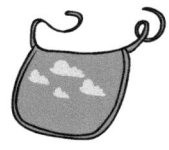

podbradak

нагрудник

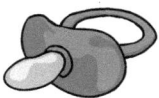

duda

соска

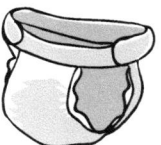

pelena

підгузок

kancelarija
офіс

server
сервер
ormar za spise
шаф для документів
štampač
принтер
papir
папір
monitor
монітор
pisaći stol
письмовий стіл
miš
миша
mapa
папка
tastatura
синтезатор
košara za papir
кошик для паперу
kompjuter
комп'ютер
stolica
стілець

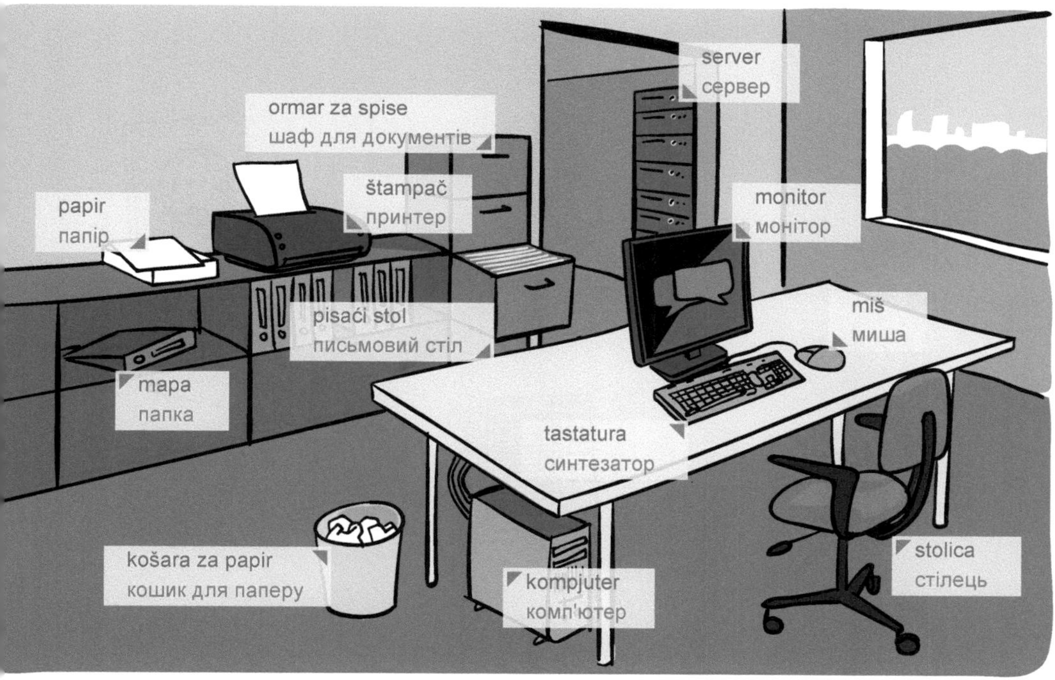

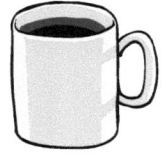

šalica za kavu

кавовий кухоль

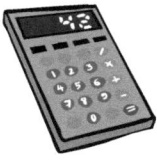

kalkulator

калькулятор

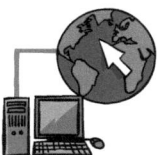

internet

інтернет

laptop
ноутбук

pismo
лист

poruka
повідомлення

mobilni telefon
мобільний телефон

mreža
мережа

uređaj za kopiranje
копіювальний пристрій

softver
програмне забезпечення

telefon
телефон

utičnica
розетка

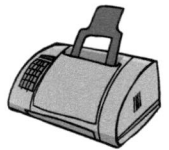

faks
факс

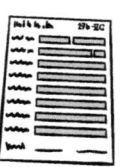

formular
бланк

dokument
документ

kupovati
купувати

platiti
платити

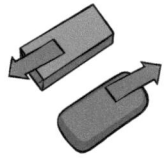

trgovati
торгувати

novac
гроші

dolar
долар

evro
євро

jen
ієна

rublja
рубль

švajcarski franak
франк

renmindbi juan
юанів женьміньбі

rupija
рупія

automat za novac
банкомат

menjačnica

обмінний пункт

zlato

золото

srebro

срібло

nafta

нафта

energija

енергія

cena

ціна

ugovor

контракт

porez

податок

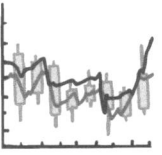

deonica

акція

raditi

працювати

službenik

працівник

poslodavac

роботодавець

fabrika

фабрика

prodavnica

магазин

zanimanja
професії

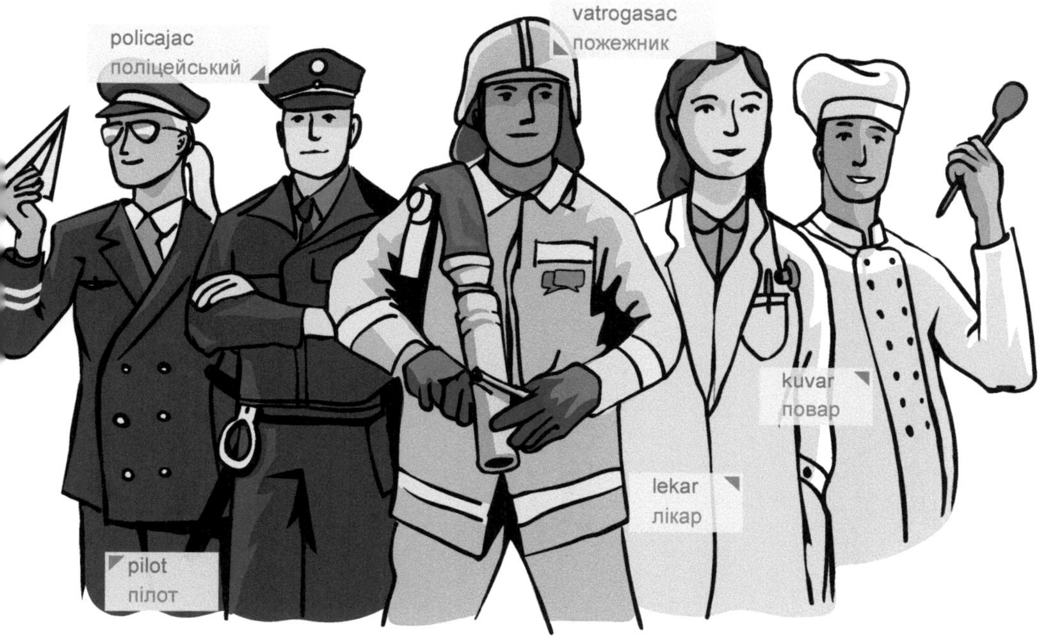
policajac
поліцейський
vatrogasac
пожежник
kuvar
повар
lekar
лікар
pilot
пілот

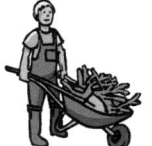

vrtlar

садівник

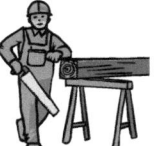

stolar

столяр

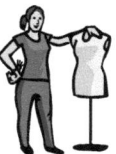

krojačica

швачка

sudija

суддя

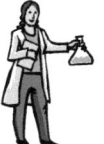

hemičar

хімік

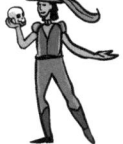

glumac

актор

vozač autobusa

водій автобуса

vozač taksija

таксист

ribar

рибалка

čistačica

прибиральниця

krovopokrivač

покрівельник

konobar

офіціант

lovac

мисливець

slikar

художник

pekar

пекар

električar

електрик

građevinski radnik

будівельник

inženjer

інженер

mesar

забійник

limar

бляхар

poštar

листоноша

vojnik

....

солдат

arhitekta

....

архітектор

blagajnik

....

касир

cvećar

....

флорист

frizer

....

перукар

kondukter

....

кондуктор

mehaničar

....

механік

kapetan

....

капітан

zubar

....

дантист

naučnik

....

вчений

rabi

....

рабин

imam

....

імам

monah

....

монах

svećenik

....

пастор

alati
інструменти

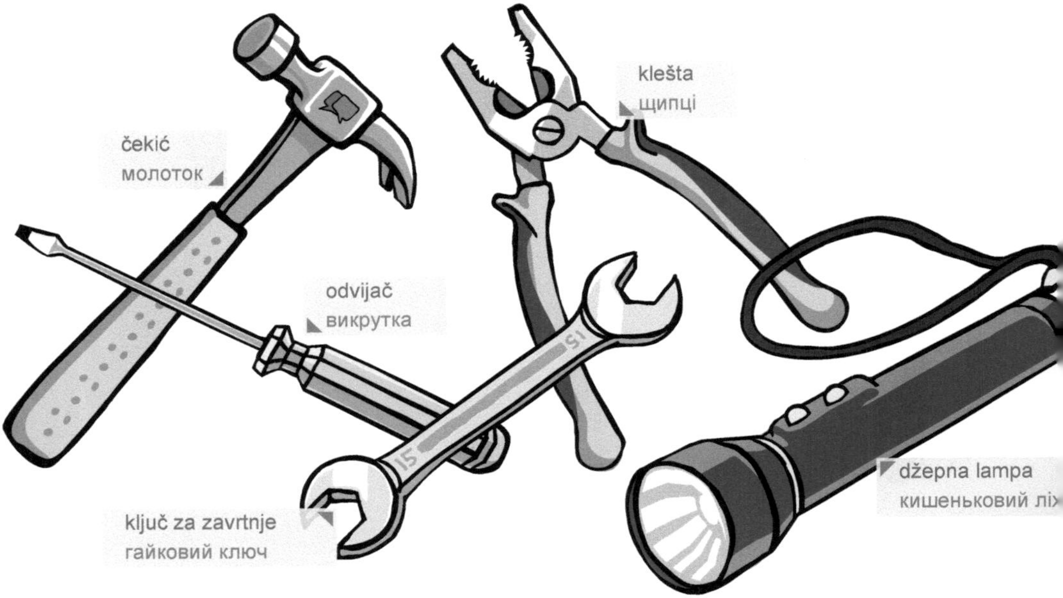
čekić
молоток
klešta
щипці
odvijač
викрутка
ključ za zavrtnje
гайковий ключ
džepna lampa
кишеньковий лі

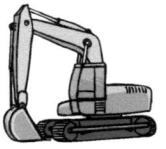

bager

екскаватор

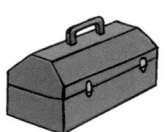

kutija za alat

ящик для інструментів

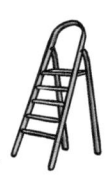

merdevine

драбина

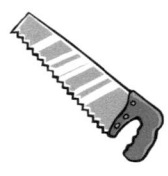

pila

пилка

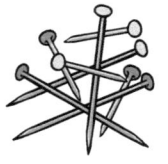

ekser

цвяхи

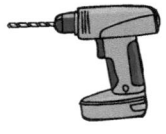

bušilica

свердло

popraviti

ремонтувати

lopata

лопата

do đavola!

лайно!

lopatica

совок

lonac za boju

відро з фарбою

zavrtanji

гвинти

muzički instrument
музичні інструменти

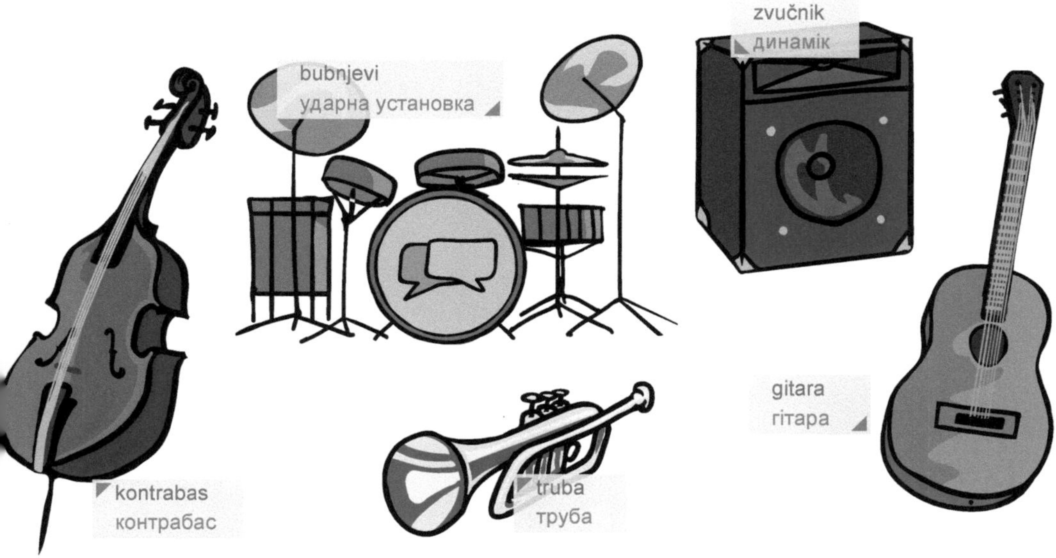

bubnjevi
ударна установка

zvučnik
динамік

kontrabas
контрабас

truba
труба

gitara
гітара

klavir

фортепіано

violina

скрипка

bas

бас

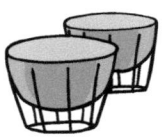

timpani

литаври

udaraljke za bubnjeve

барабан

tipke klavira

клавіатура

saksofon

саксофон

flauta

флейта

mikrofon

мікрофон

tigar
тигр

ulaz
вхід

kavez
клітка

zebra
зебра

hrana za životinje
корм

panda
панда

životinje
тварини

slon
слон

kengur
кенгуру

nosorog
носоріг

gorila
горила

medved
ведмідь

kamila

верблюд

noj

страус

lav

лев

majmun

мавпа

flamingo

фламінго

papagaj

папуга

polarni medved

білий ведмідь

pingvin

пінгвін

ajkula

акула

paun

павич

zmija

змія

krokodil

крокодил

čuvar u zoološkom vrtu

працівник зоопарку

tuljan

тюлень

jaguar

ягуар

poni
поні

leopard
леопард

nilski konj
гіпопотам

žirafa
жираф

orao
орел

divlja svinja
кабан

riba
риба

kornjača
черепаха

morž
морж

lisica
лисиця

gazela
газель

američki nogomet
американський футбол

biciklizam
їзда на велосипеді

tenis
теніс

košarka
баскетбол

plivanje
плавання

boks
бокс

hokej na ledu
хокей

fudbal
футбол

badminton
бадмінтон

atletika
легка атлетика

rukomet
гандбол

skijanje
лижні перегони

polo
поло

skočiti
стрибати

zagrliti
обіймати

smejati se
сміятися

іćі
йти

pevati
співати

moliti se
молитися

poljubiti
цілувати

sanjati
мріяти

pisati

писати

crtati

малювати

pokazati

показувати

gurati

тиснути

dati

давати

uzeti

брати

imati
мати

činiti
робити

biti
бути

stojati
стояти

trčati
бігати

povlačiti
тягнути

baciti
кидати

padati
падати

ležati
лежати

čekati
очікувати

nositi
носити

sediti
сидіти

oblačiti
одягати

spavati
спати

probuditi se
просипатися

gledati

дивитися

plakati

плакати

milovati

гладити

češljati

розчісувати

govoriti

розмовляти

razumeti

розуміти

pitati

питати

slušati

слухати

piti

пити

jesti

їсти

pospremiti

прибирати

voleti

любити

kuhati

варити

voziti

їхати

leteti

літати

ploviti

йти під вітрилом

računati

рахувати

čitati

читати

učiti

вчитися

raditi

працювати

venčati se

одружуватися

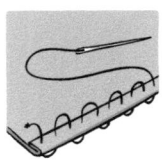

šiti

шити

prati zube

чистити зуби

ubiti

убивати

pušiti

курити

poslati

посилати

porodica
сім'я

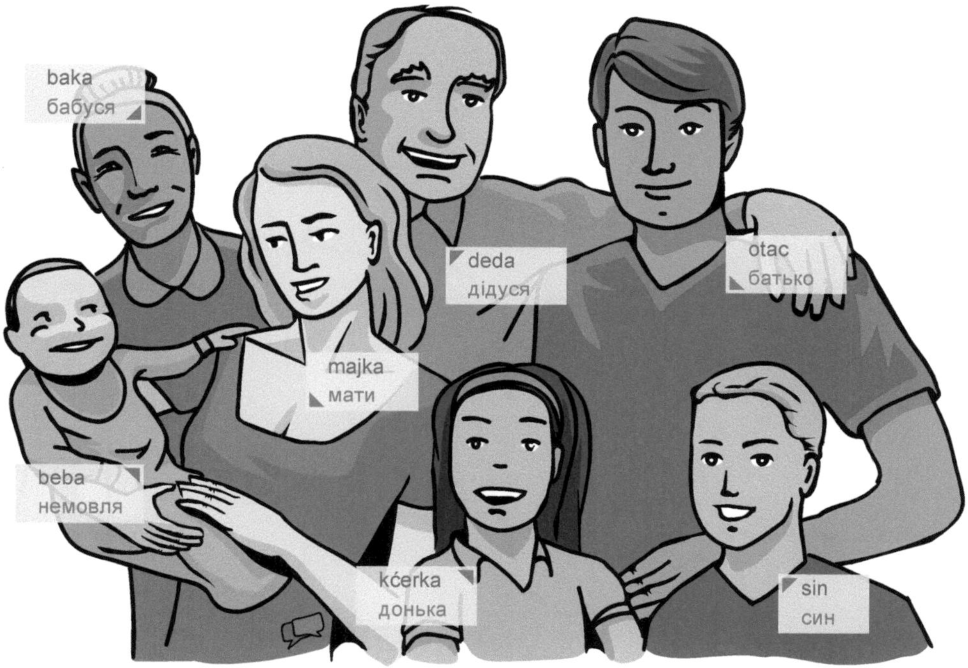

baka
бабуся
deda
дідуся
otac
батько
majka
мати
beba
немовля
kćerka
донька
sin
син

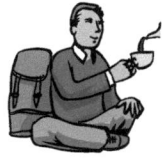

gost

гість

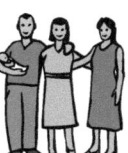

tetka

тітка

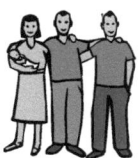

ujak, stric

дядько

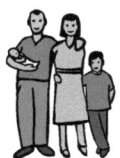

brat

брат

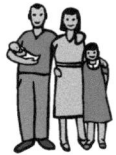

sestra

сестра

telo

тіло

čelo
чоло
oko
око
rame
плече
prst
палець
lice
обличчя
brada
підборіддя
ruka
кисть
noga
нога
grudi
груди
ruka
рука

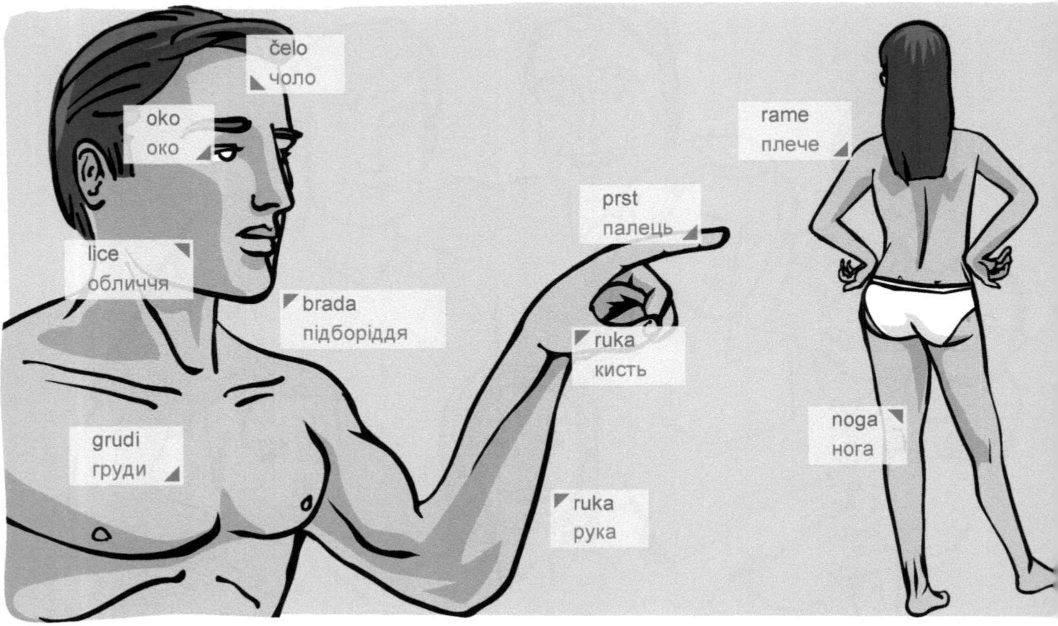

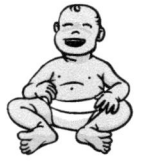

beba

немовля

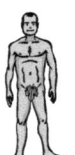

muškarac

чоловік

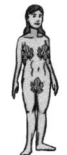

žena

жінка

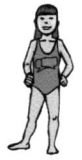

devojčica

дівчина

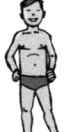

dečak

хлопчик

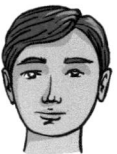

glava

голова

leđa

спина

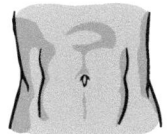

stomak

живіт

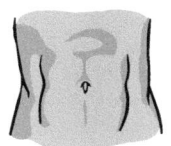

pupak

пуп

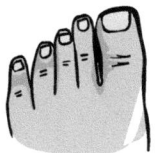

nožni prst

палець ноги

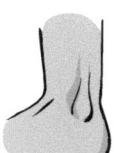

peta

п'ята

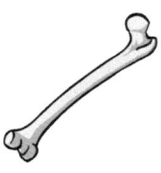

kost

кістка

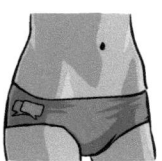

kukovi

стегно

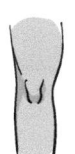

koleno

коліно

lakat

лікоть

nos

ніс

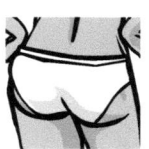

zadnjica

сідниці

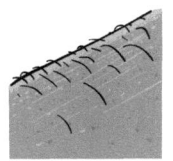

koža

шкіра

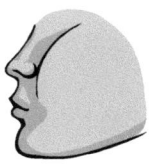

obraz

щока

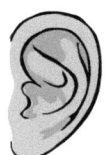

uvo

вухо

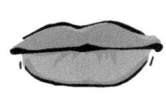

usna

губа

telo - тіло

usta

рот

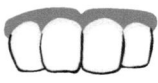

zub

зуб

jezik

язик

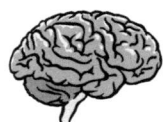

mozak

мозок

srce

серце

mišić

м'яз

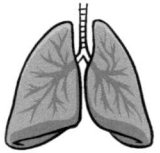

pluća

легені

jetra

печінка

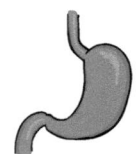

želudac

шлунок

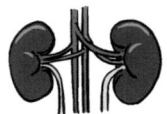

bubrezi

нирки

polni odnos

статевий акт

kondom

презерватив

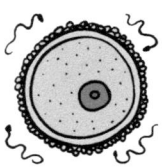

jajna ćelija

яйцеклітина

sperma

сперма

trudnoća

вагітність

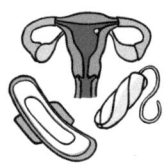

menstruacija

менструація

vagina

вагіна

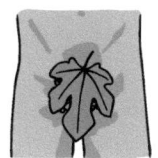

penis

пеніс

obrva

брова

kosa

волосся

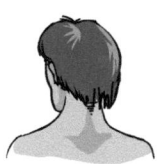

vrat

шия

bolnica
лікарня

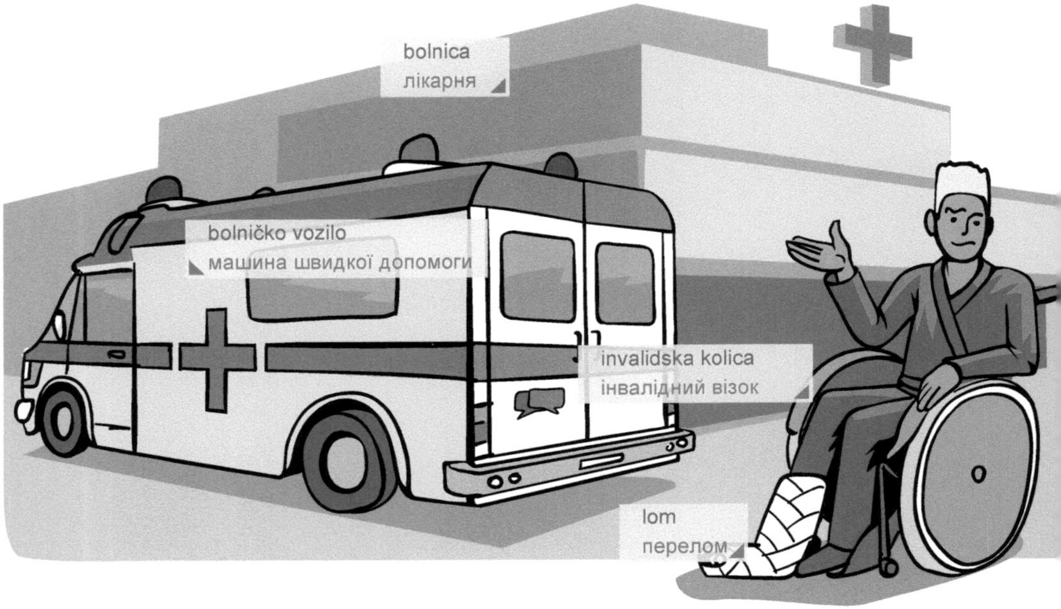

bolnica
лікарня
bolničko vozilo
машина швидкої допомоги
invalidska kolica
інвалідний візок
lom
перелом

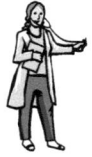

lekar

лікар

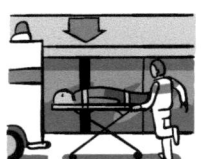

hitna medicinska služba

відділення швидкої медичної допомоги

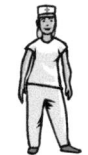

medicinska sestra

медсестра

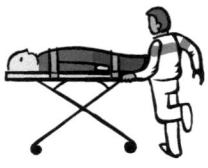

hitni slučaj

аварійний випадок

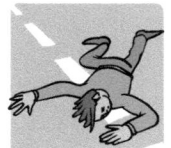

nesvest

непритомний

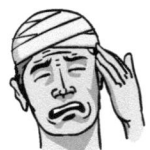

bol

біль

povreda

травма

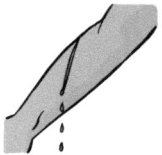

krvarenje

кровотеча

srčani udar

інфаркт

udar

інсульт

alergija

алергія

kašalj

кашель

groznica

лихоманка

gripa

грип

proliv

пронос

glavobolja

головна біль

rak

рак

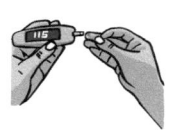

dijabetes

діабет

hirurg

хірург

skalpel

скальпель

operacija

операція

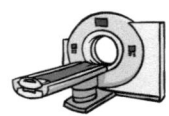

ct

КТ

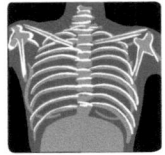

rentgen

рентген

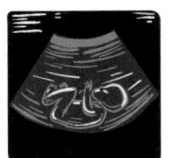

ultrazvuk

ультразвук

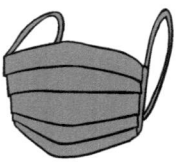

maska

маска

bolest

хвороба

čekaona

зал очікування

štaka

милиця

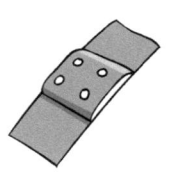

flaster

пластир

zavoj

пов'язка

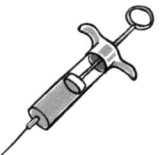

injekcija

ін'єкція

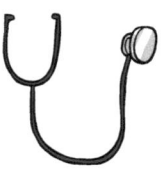

stetoskop

стетоскоп

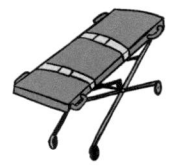

nosila

ноші

termometar

термометр

rođenje

народження

prekomerna težina

надмірна вага

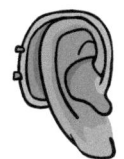

slušni aparat

слуховий апарат

sredstvo za dezinfekciju

дезінфікуючий засіб

infekcija

інфекція

virus

вірус

HIV / AIDS

ВІЛ / СНІД

medicina

медицина

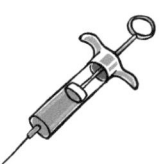

vakcinacija

вакцинація

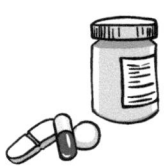

tablete

таблетки

pilula

протизаплідна пігулка

hitni poziv

екстрений виклик

uređaj za merenje pritiska

тонометр

bolesno / zdravo

хворий / здоровий

pomoć!

Допоможіть!

alarm

сигнал тривоги

nasrtaj

напад

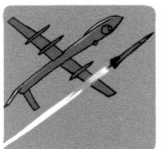

napad

атака

opasnost

небезпека

izlaz u slučaju nužde

аварійний вихід

požar!

Вогонь!

protivpožarni aparat

вогнегасник

nezgoda

аварія

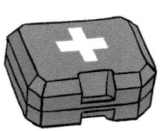

kutija prve pomoći

аптечка

sos

СОС

police車 ... policija

поліція

Evropa

Європа

Severna Amerika

Північна Америка

Južna Amerika

Південна Америка

Afrika

Африка

Azija

Азія

Australija

Австралія

Atlantik

Атлантика

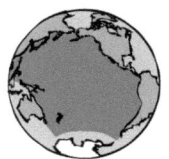

Pacifik

Тихий океан

Indijski okean

Індійський океан

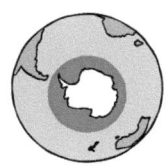

Antarktički okean

Антарктичний океан

Arktički ocean

Північний Льодовитий океан

Severni pol

Північний полюс

Južni pol

Південний полюс

Antarktik

Антарктика

zemlja

Земля

zemlja

суша

more

море

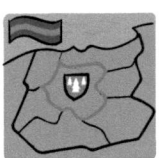

otok

острів

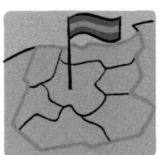

nacija

нація

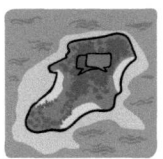

država

держава

brojčanik sata

циферблат

satna kazaljka

годинникова стрілка

minutna kazaljka

хвилинна стрілка

sekundna kazaljka

секундна стрілка

Koliko je sati?

Котра година?

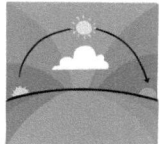

dan

день

vreme

час

sada

зараз

digitalni sat

цифровий годинник

minuta

хвилина

čas

година

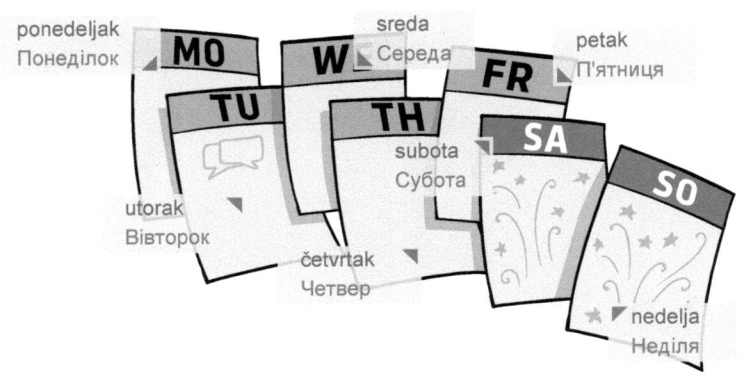

ponedeljak / Понеділок
sreda / Середа
petak / П'ятниця
utorak / Вівторок
četvrtak / Четвер
subota / Субота
nedelja / Неділя

juče
....
вчора

danas
....
сьогодні

sutra
....
завтра

jutro
....
ранок

podne
....
опівдні

veče
....
вечір

radni dani
....
робочі дні

vikend
....
кінець робочого тижня

godina
рік

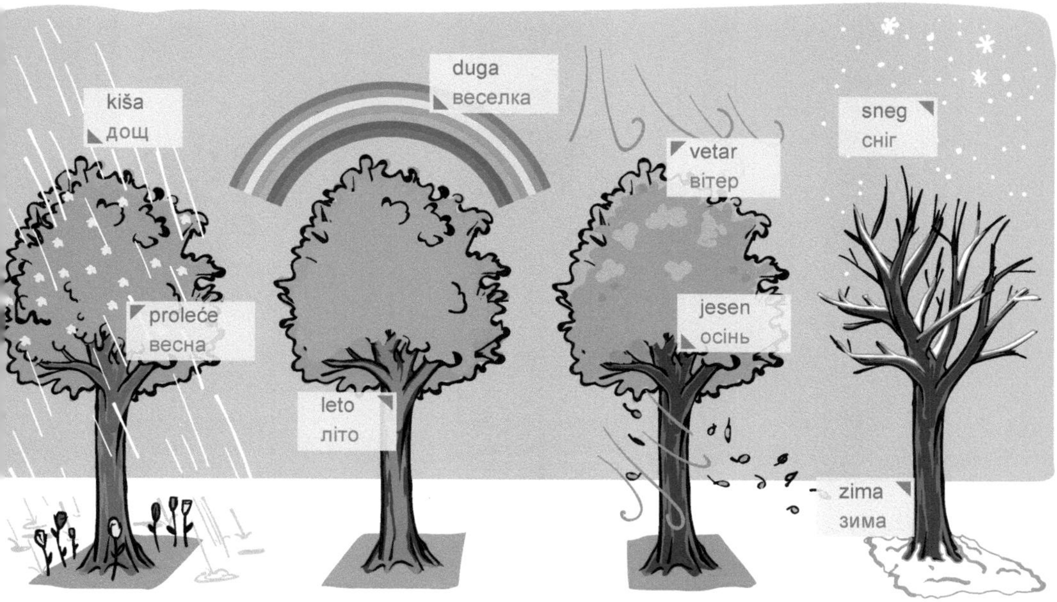

kiša
дощ
duga
веселка
vetar
вітер
sneg
сніг
proleće
весна
leto
літо
jesen
осінь
zima
зима

4.APRIL 11°
5.APRIL 4°
6.APRIL 13°
7.APRIL 8°
8.APRIL 10°

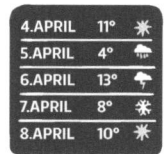

meteorološka prognoza

прогноз погоди

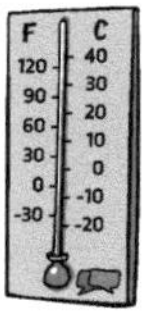

F
C
120
90
60
30
0
-30
40
30
20
10
0
-10
-20

termometar

термометр

sunčana svetlost

сонячне світло

oblak

хмара

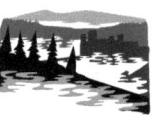

magla

туман

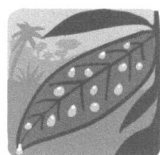

vlažnost vazduha

вологість повітря

munja

блискавка

grmljavina

грім

oluja

шторм

tuča

град

monsun

мусон

poplava

повінь

led

лід

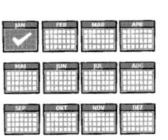

januar

Січень

februar

Лютий

mart

Березень

april

Квітень

maj

Травень

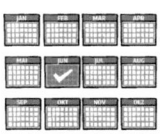

juni

Червень

juli

Липень

avgust

Серпень

godina - рік

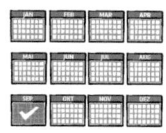

septembar

Вересень

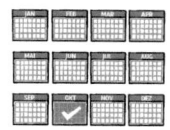

oktobar

Жовтень

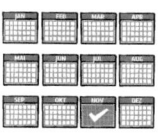

novembar

Листопад

decembar

Грудень

krug

круг

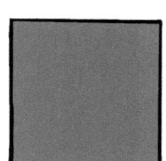

kvadrat

квадрат

pravougao

прямокутник

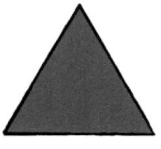

trougao

трикутник

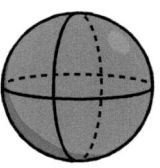

kugla

куля

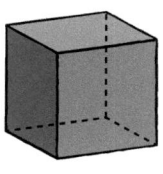

kocka

куб

bela

білий

žuta

жовтий

narandžasta

помаранчевий

ružičasta

рожевий

crvena

червоний

ljubičasta

фіолетовий

plava

синій

zelena

зелений

smeđa

коричневий

siva

сірий

crna

чорний

mnogo / malo

багато / мало

ljutito / mirno

лютий / мирний

lepo / ružno

гарний / бридкий

početak / kraj

початок / кінець

veliko / maleno

великий / малий

svetlo / tamno

світлий / темний

brat / sestra

брат / сестра

čisto / prljavo

чистий / брудний

potpuno / nepotpuno

завершений /
незавершений

dan / noć

день / ніч

mrtvo / živo

мертвий / живий

široko / usko

широкий / вузький

jestivo / nejestivo

їстівний / неїстівний

zlo / dobro

злий / дружній

uzbuđeno / dosadno

збуджений / нудьгуючий

debelo / mršavo

товстий / тонкий

na početku / na kraju

спочатку / востаннє

prijatelj / neprijatelj

друг / ворог

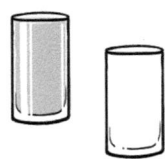

puno / prazno

повний / порожній

tvrdo / mekano

жорсткий / м'який

teško / lagano

важкий / легкий

glad / žeđ

голод / спрага

bolesno / zdravo

хворий / здоровий

ilegalno / legalno

незаконний / законний

pametno / glupo

розумний / дурний

levo / desno

вліво / вправо

blizu / daleko

поруч / далеко

novo / polovno

новий / використаний

ništa / nešto

нічого / щось

staro / mlado

старий / молодий

uključeno / isključeno

вкл / викл

otvoreno / zatvoreno

відкрито / закрито

tiho / glasno

тихо / гучно

bogato / siromašno

багатий / бідний

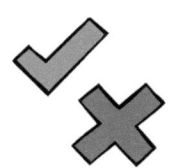

tačno / pogrešno

правильно / неправильно

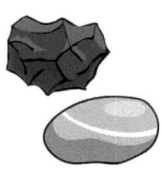

hrapavo / glatko

шорсткий / гладкий

tužno / sretno

сумний / щасливий

kratko / dugo

короткий / довгий

polako / brzo

повільно / швидко

mokro / suho

вологий / сухий

toplo / hladno

гарячий / холодний

rat / mir

війна / мир

0

nula

нуль

1

jedan

один

2

dva

два

3

tri

три

4

četiri

чотири

5

pet

п'ять

6

šest

шість

7

sedam

сім

8

osam

вісім

9

devet

дев'ять

10

deset

десять

11

jedanaest

одинадцять

12
dvanaest
дванадцять

13
trinaest
тринадцять

14
četrnaest
чотирнадцять

15
petnaest
п'ятнадцять

16
šestnaest
шістнадцять

17
sedamnaest
сімнадцять

18
osamnaest
вісімнадцять

19
devetnaest
дев'ятнадцять

20
dvadeset
двадцять

100
stotinu
сто

1.000
hiljadu
тисяча

1.000.000
milion
мільйон

engleski

англійська

američki engleski

американська англійська

mandarinski kineski

китайська
високочиновницька

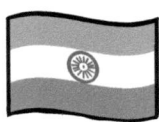

hindski

хінді

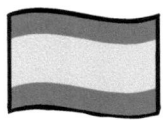

španski

іспанська

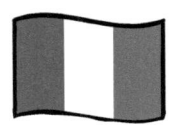

francuski

французька

arapski

арабська

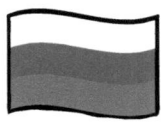

ruski

російська

portugalski

португальська

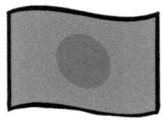

bengalski

бенгальська

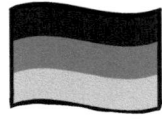

nemački

німецька

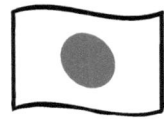

japanski

японська

ja

я

ti

ти

on / ona / ono

він / вона / воно

mi

ми

vi

ви

oni

вони

Ko?

хто?

Šta?

що?

Kako?

як?

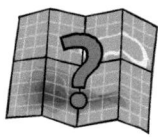

Gde?

де?

Kada?

коли?

ime

ім'я

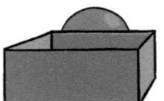

iza

ззаду

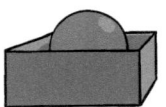

u

в

ispred

перед

preko

над

na

на

ispod

під

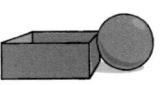

pored

біля

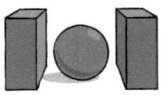

između

між

mesto

місце